In deiner Liebe erschaffe mich neu

Hildegund Keul / Annette Schleinzer (Hg.)

In deiner Liebe erschaffe mich neu

Spirituelle Impulse zu Gertrud von Helfta

Die Deutsche Bibliothek – CIP-Einheitsaufnahme

In deiner Liebe erschaffe mich neu:
spirituelle Impulse zu Gertrud von Helfta /
(Hg.) Hildegund Keul; Annette Schleinzer. –
Leipzig: Benno-Verl., 2002
ISBN 3-7462-1561-7

ISBN 3-7462-1561-7

© St. Benno Buch- und Zeitschriftenverlagsgesellschaft mbH
Leipzig 2002
Umschlaggestaltung: Ulrike Vetter, Leipzig, unter Verwendung
des Motivs »Vor dir steht die leere Schale meiner Sehnsucht«,
Glasarbeit von Maren Magdalena Sorger, Magdeburg
Satz und Herstellung: Kontext, Lemsel
Printed in the Czech Republic

Inhaltsverzeichnis

Vorwort, Leo Nowak 6

Einleitung, Hildegund Keul / Annette Schleinzer 8

Gedanken zum Titelbild, Maria Faber 11

Das Salz der Weisheit, Maria Benedicta Arndt . . . 15

Lebensatem, Michael Bangert 19

Die leere Schale der Sehnsucht, Angela Degenhardt . 23

Das göttliche Bild und Gleichnis, Beate Fröhmel . . 27

Hunger nach Leben, Gotthard Fuchs 30

Trost in Herzensangst, H.-Konrad Harmansa 35

Kuss der Liebe, Gabriele Herbst 38

Heilige Hoffnung, Hildegund Keul 41

Von Christus bevollmächtigt, Willi Kraning 46

Beflügelt, Regina Lorek 50

Ein Lied singen, Leo Nowak 54

Fürchte dich nicht, Assumpta Schenkl 58

Das Innere des Herzens, Johanna Schwalbe 62

Feurig im Geist, Barbara Striegel 66

Wohnung nehmen, Dieter Tautz 69

Biografie der hl. Gertrud, Hildegund Keul 73

Literaturhinweise 76

Verzeichnis der Autorinnen und Autoren 78

Vorwort

Die hl. Gertrud von Helfta ist seit der Neugründung des Bistums Magdeburg im Jahr 1994 Patronin unserer Ortskirche. Mit dem hiesigen Kloster Helfta ist sie engstens verbunden. Der Wiederaufbau des Klosters 1999 hat den heiligen Frauen von Helfta, vorab Gertrud der Großen, eine stärkere Bedeutung in der Öffentlichkeit gegeben. Auch einige Gemeinden und das *Seminar für Gemeindepastoral* in Magdeburg, das Gemeindereferentinnen und -referenten ausbildet, verehren die Mystikerin als ihre Patronin.

Die hl. Gertrud begann ihre innige Christusverbundenheit seit 1289 aufzuschreiben. Ihre Visionen und Glaubenserfahrungen begründeten ihren Ruf als größte deutsche Mystikerin. Für uns aber sind ihre Aufzeichnungen nicht ohne weiteres verständlich. Wenn auch viele der verwendeten Bilder und Texte aus einer anderen Zeit stammen, so darf doch der Inhalt ihrer Worte nicht verloren gehen. Wenn sich im November 2002 zum 700. Mal der Todestag der heiligen Gertrud jährt, kann dieser Gedenktag einen Anstoß geben, um nach der Bedeutung ihrer Mystik für die heutige Zeit zu fragen.

Deshalb freue ich mich, dass die einzelnen Autoren in dem vorliegenden Buch sich selbst mit einzelnen Worten der hl. Gertrud ganz persönlich auseinander setzen und uns davon mitteilen. Somit können diese Beiträge zu eigener Glaubensvertiefung anregen. Gerade in einer Zeit, da die Glaubwürdigkeit der Kirche und der Glaubenden auf dem Prüfstand steht, können uns solche persönlichen Äußerungen im Glauben bestärken. Sie können als hilfreiches Glaubenswort unsere eigene Sprachlosigkeit überwinden helfen und zum persönlichen Glaubenszeugnis ermutigen. Jeder noch so bescheidene Versuch, solche Sprachlosigkeit zu überwinden, ist ein wichtiger Beitrag zur Glaubensmitteilung. Die hl. Gertrud will uns dabei ganz sicher behilflich sein.

Magdeburg, im März 2002

Bischof von Magdeburg

Einleitung

»In deiner Liebe erschaffe mich neu«[*]

Gertrud die Große, die um 1261 im Alter von fünf Jahren ins Kloster Helfta gekommen ist und dort bis 1302 lebte, hat mit Unterstützung ihrer Schwestern zwei Werke verfasst: den »Gesandten der göttlichen Liebe« (»Legatus divinae pietatis«) und das Buch der geistlichen Übungen »Exercitia spiritualia«. Wer heute diese Bücher zur Hand nimmt und darin liest, findet vielleicht nicht direkt Zugang zu dem, was hier geschrieben steht. Manches bleibt verschlossen und löst Ratlosigkeit aus. Aber dann tritt unerwartet ein Wort hervor, ein Satz, der zu sprechen beginnt und zu denken gibt. Er leuchtet auf und bringt etwas in Bewegung. Besonders Gertruds Exerzitienbuch ist derzeit noch wenig bekannt und wartet darauf, entdeckt und für das spirituelle Leben genutzt zu werden.[**] Aber beide Werke Gertruds sind ein verborgener Schatz, den auszugraben sich lohnt.

---

[*] *Gertrud von Helfta* in: Exercitia Spiritualia, 5. Übung; Verkade 1956, S. 84.
[**] Die neue Übersetzung von Siegfried Ringler (Elberfeld: Humberg 2001) bietet hierfür eine gute Grundlage.

In dem vorliegenden Band werden einige Worte und Gedanken der Mystikerin vorgestellt und für heute zu erschließen versucht. Dabei geht es nicht um eine wissenschaftliche Erörterung, sondern um spirituelle Impulse, die Gertruds Texte in der heutigen Zeit setzen können. Als Leitsatz ist die Anrufung der Liebe vorangestellt: »O göttliche Liebe, die mich erschuf: In deiner Liebe erschaffe mich neu.« Mit diesen Worten bittet die heilige Gertrud Gott um die Erneuerung ihres Lebens. Und sie sagt dies nicht nur für sich selbst, sondern empfiehlt es in ihrem Exerzitienbuch allen Menschen, die sich nach Belebung ihres ausgedörrten Lebens sehnen.

Gertrud richtet ihre Worte im Gebet an Gott. Sie können aber auch unter Menschen gesprochen werden – Menschen, die einander um Verzeihung bitten; Menschen, die sich gegenseitig Unterstützung und Beistand geben; und nicht zuletzt Menschen, die sich lieben. »In deiner Liebe erschaffe mich neu.« Wer sich diesem Wort anvertraut und es – vielleicht auch schweigend – spricht, kann eine ungeahnte Lebenskraft erfahren. Um diese Lebensmacht soll es im Folgenden gehen, die Geistkraft Gottes, die das ins Stocken geratene Leben wieder ins Fließen bringt und die finstere Nacht der Seele erhellt. Die Mystik Gertruds hat

Bedeutung für die heutige Zeit, weil sie bei den Sorgen und Nöten, bei der Freude und Hoffnung der Menschen ansetzt. Sie macht sich dem Geheimnis des Lebens auf die Spur, das mitten in Elend und Ohnmacht die Fülle des Lebens erschließt.

Der vorliegende Band wird herausgegeben vom *Referat für Frauenseelsorge und Frauenbildung* im Auftrag der Hauptabteilung Pastoral des Bistums Magdeburg und in Zusammenarbeit mit der *Katholischen Frauengemeinschaft Deutschlands* (kfd), Diözesanverband Magdeburg. Wir bedanken uns herzlich bei den Autorinnen und Autoren, die einen Beitrag geleistet haben; bei Herrn Bauch und dem St.-Benno Verlag für die konstruktive Zusammenarbeit; bei dem Siedlungswerk St. Gertrud GmbH für die finanzielle Unterstützung; sowie bei Frau Magdalena Sorger, die das Titelbild zur Verfügung gestellt hat. Das Glasbild von Frau Sorger zur heiligen Gertrud befindet sich im *Seminar für Gemeindepastoral* in Magdeburg. – Wir hoffen, dass die folgenden Impulse einen Zugang eröffnen, der Gertruds Sprachschatz für die heutige Zeit erschließt.

Hildegund Keul *Annette Schleinzer*

»Vor dir steht
die leere Schale meiner Sehnsucht«

Gedanken zum Titelbild

Das Bild ist so grau.
Meine Augen gehen auf die Suche nach Farbe.

Ich finde sie wie unter einer umgestülpten
Schale zwischen offenen Büchern, Schriften,
einem verschütteten Herzen,
einem Maßstab, einer Muschel.
Farbige Scherbenstücke –
begrabene Lebens-Spuren.

Über eine blau-grüne Scherbe werde ich
zum roten Buch geführt. Es steht über
der umgestülpten Schale mit Angesammeltem.
Dieses Buch ist frei
hat umgestülpt, begraben und ist gegangen –
den Aufbruch aus dem *grauen Einerlei* riskiert.

Das Buch hat einen weiblichen Mund –
er könnte sprechen.
Dieser Buch-Mund kann hauchen,
wortmächtig schöpferische Sprache finden
und sprechend werden.

Braucht heute nur mich zum Kosten dieser
Werde-Worte.
Worte des Lebens, mit Schmerz und Herz-Blut.
Das rote Buch als Werde-Ort, Ort des Erbarmens, einer Gebärmutter*, des Kreißens.

Mit diesem Buch sich weiten, fliegen, wehen und schwingen
mit der blutvollen Sehnsuchts-Energie getränkt schwungvoll
die grau-weißen Kirchenräume ausmessen.

Und in dem einen licht-weißen Raum –
ein farbiges Fenster zu finden –
und darin eine Himmelsleiter entdecken.

Der Geistvogel – die ruach** –
bringt eigene Worte mit –
im Stammeln und ungeordnet verständlich:
»Vor dir steht
die leere Schale meiner Sehnsucht«
Die ruach weitet sich aus – jenseits der grauen Mauern – hinein *ins Blaue.*

---

* Im Hebräischen *racham* Erbarmen Gottes – *rächäm* Gebärmutter / Schoß JHWH's.
** Im Hebr. feminin *ruach* – Geist, Atem, Lebensatem, Sturm, Wehen.

Und nähme ich
meine Flügel des Morgenrots
und flöge ans äußerste Meer –
ob ich den innersten Himmel finde?
Wann wage ich mich zu DIR –
mit dem Risiko, Federn zu lassen
sehnsüchtig *ins Blaue hinein?*

Maria Faber

Fließe, gutes Gotteslicht

T. u. M.:
Brigitte (Sr. Lucia) Schwarz, 1996
Kanon (bis zu 16 Stimmen) © bei der Verfasserin

2. Brenne, zartes Gotteslicht, wandle du mein falsches Icht*,
dass ich dich erkenne. Fließe, Gotteslicht!

3. Heile, starkes Gotteslicht, allen Hass, der mich zerbricht,
Schuld in mir verbrenne. Fließe, Gotteslicht!

4. Leuchte, helles Gotteslicht, gib mir deine klare Sicht,
führ' mich aus der Enge. Fließe, Gotteslicht!

5. Fließe, warmes Gotteslicht, lass von deiner Liebe nicht.
Schenk' mir deine Minne. Fließe, Gotteslicht!

Der Text ist aus Gedanken der Mystikerin Mechthild von Magdeburg (1207 bis 1282/94) entstanden, die als Begine in Magdeburg lebte und ein Buch über »Das fließende Licht der Gottheit« geschrieben hat. 1270 ist sie ins Kloster Helfta gekommen, hat dort als Lehrerin der Mystik gewirkt und die Schwestern Mechthild von Hackeborn und Getrud die Große von Helfta beeinflusst.
* Den Begriff »Icht« verwendet Mechthild für das falsche, egoistische Ich. Für das Wort »Liebe« verwendet sie meist das damals übliche »Minne«.

> *»Lass mich von dir, o liebster Jesus, das Salz der Weisheit und den Geist des Verstandes empfangen als Heilmittel zum ewigen Leben.«*[*]

Eine gesalzene Portion Transzendenz, die – jedoch auf dem Boden der Wirklichkeit bleibend – den Verstand nicht ausblendet!
Ihre *Exercitia spiritualia*, denen unser Zitat entnommen ist, beginnt Gertrud die Große mit der »Ersten Übung zur Wiedererlangung der Taufunschuld«. Betend, meditierend spricht sie Gott, den Vater und den Schöpfer, an und bittet in der Kraft des Geistes durch den Sohn, ihr festen und feurigen Glauben zu schenken, der sich »im Schmuck lebendiger Werke« zeigen möge. Ihr Ziel ist es, so der letzte Satz der ersten Übung: nach Jesu Willen zu leben und »nach dieser Verbannung« ohne Hindernis zu ihm zu gelangen. Gertrud durchbetet die liturgischen Elemente der Taufe. Für ihren Lebensweg (und auch für den Weg der Exerzitien) wünscht sie sich einen Engel Gottes, der sich darum sorgt, dass sie

---

[*] *Gertrud von Helfta* in: Exercitia Spiritualia, 1. Übung; Verkade 1956, S. 7.

»heilen Fußes den wilden Sturzbach dieses Lebens durchschreite«. Nach dieser Bitte nun folgt das Gebet um das Salz der Weisheit und um den Geist des Verstandes als Heilmittel zum ewigen Leben. Salz und Geist – Weisheit und Verstand: diese Worte stehen hier in Spannung zueinander, sind aufeinander verwiesen und beleben einander. Gemeinsam aber stehen sie in Bezug zum ewigen Leben.

Salz ist unentbehrlich und kostbar. Von uns heute wird das jedoch kaum wahrgenommen, weil es selbstverständlich geworden ist, Salz, wenn es benötigt wird, in Fülle vorzufinden. Schon in der Antike und auch im Alten Testament spielt Salz eine Rolle bei religiösen Feiern und Riten. In den Riten der frühen christlichen Kirche wird es bei der Segnung des Tauf- und Weihwassers dem Wasser zugefügt. Dies ist naheliegend, denn seine geschmackliche Wirkung, seine konservierende Funktion, wie auch seine medizinische Bedeutung machten und machen das Salz fast unentbehrlich im täglichen Leben. Auf diesem Hintergrund ist auch die symbolische Bedeutung von »Salz« einsichtig. Die Kostbarkeit von Salz liegt für uns hier im deutschen Sprachraum im 21. Jahrhundert nicht gleich auf der Hand. Doch ist es auch bei uns noch nicht

lange her, dass der Salzhandel eine wichtige kommerzielle Rolle spielte. Über lange Handelswege transportiert und auch heute noch in manchen Wüstengegenden unserer Erde als Zahlungsmittel verwendet, ist Salz weiterhin eine Kostbarkeit. Und wie bei vielen Dingen in unserem Alltag geht es auch beim Salz um das rechte Maß.
Aber es geht wohl nicht darum, dass wir mit einer gesalzenen Portion Wissen das Himmelreich erobern. Oder dass unser Wissen entsprechend gewürzt ist. Gertrud nennt ausdrücklich beide, Weisheit und Verstand, als Heilmittel zum ewigen Leben. Diese Weisheit soll uns helfen, uns selbst, unsere Welt und Gott in Beziehung zu setzen und zur Gestaltung unserer Lebenswelt zu nutzen. So ist, genau gesehen, die Weisheit selbst das Salz, ohne das der Verstand wohl schal, würzlos, ja abgeschmackt wäre.
Und auch der Verstand ist hier nicht als überragende Intelligenz zu verstehen, sondern es geht, wie Gertrud sagt, um »den Geist des Verstandes«. Das meint, hier ist das Maß von Einsichtsfähigkeit einzusetzen, so wie es jeder Einzelnen zur Verfügung steht.

Aber: Dieser Einsatz ist unverzichtbar!

Die Weisheit wird in der biblischen Tradition auch als Person gesehen und letztendlich mit dem Logos, dem menschgewordenen Wort Gottes, gleichgesetzt: *Mit dir ist die Weisheit, die deine Werke kennt und die zugegen war, als du die Welt erschufst. Sie weiß, was dir gefällt und was recht ist nach deinen Geboten. Sende sie vom heiligen Himmel und schick sie vom Thron deiner Herrlichkeit, damit sie bei mir sei und alle Mühe mit mir teile und damit ich erkenne, was dir gefällt (Weish 9,9-10).* So können wir darum bitten, dass Gott selbst uns seine Weisheit schmackhaft werden lässt, uns heil zu machen und uns zu erhalten zum ewigen Leben.

Maria Benedicta Arndt

> *»Nun, o Liebe, halte mich
> und hab mich dir zu eigen,
> denn fürderhin, wenn nicht in dir,
> hab ich nicht Lebenshauch noch Seele.«**

Was braucht ein Mensch, um wirklich Mensch zu sein? Verschiedene Antworten sind denkbar: Ansehen, Macht, Besitz, Freunde, Zuwendung, Erfolg, Heimat. Die Frage lässt sich aber auch in einer ganz persönlichen Fassung stellen: Was brauche ich, um heute leben zu können, als Mensch leben zu können? Wovon lebe ich?

Diese Fragen sind von großer Wichtigkeit, denn oftmals klagen Menschen über folgende Erfahrung: Ich bin interessant und wichtig als Kunde, Konsumentin, Mutter, Vater, – allemal als jemand, der/die etwas leistet. Aber kein Mensch sieht mich so, wie ich wirklich bin.

Es kann sehr bitter sein, wenn ich feststelle, dass niemand mich in meinem So-Sein will – vielleicht weil meine Einzigartigkeit nicht wahrgenommen wird. Wenn die Erfahrung dieses Gewollt-Seins fehlt, steht das Leben schnell auf schwankendem Boden. Das Selbstwertgefühl

---

* *Gertrud von Helfta* in: Exercitia Spiritualia, 5. Übung, Vers 395-397; Ringler 2001, S. 153.

wird brüchig und eine lähmende Schwermut taucht alles in ein diffuses Licht.

Der Mystikerin Gertrud von Helfta ist eine solche Seelenlage nicht fremd. Sie weiß, was es heißt, vom Gefühl der Minderwertigkeit und der Verlorenheit gepeinigt zu sein. Sie weiß, was es heißt, einen Menschen zu ersehen, der sich die Mühe macht, mich kennen zu lernen und meine Abgründe zu ertragen. Oft spricht sie von ihrer Hoffnung, eine solche Herzensfreundin zu finden. Zwar pflegt Gertrud gute Bekanntschaften und freundschaftliche Beziehungen; zudem eröffnet ihr das Kloster eine Vielzahl von sozialen Kontakten. Und doch: Ihre große Sehnsucht nach Begegnung und Wertschätzung findet sie nicht erfüllt. Manchmal ist zu spüren, wie Gertrud bekümmert, ja fast verzweifelt ist, weil sie ihre menschlichen Bezüge in vielerlei Hinsicht als ungesichert erlebt. Diese Erfahrung spiegelt sich auch in der Weisheit der Heiligen Schrift. Der Psalm 88 kennt zerbrochene Freundschaft: »Die Freunde hast du mir entfremdet!« Einem Menschen kann es die Sprache verschlagen, wenn plötzlich klar wird: »Die Menschen lügen. Alle.« (Ps 116,11).

Wer – wie Gertrud von Helfta – das Leben in seiner Zartheit und seiner Grazie wahrzunehmen vermag, wird auch seine Zerbrechlichkeit und Gefährdung erahnen! Daher brauche ich, um leben zu können, jemanden, der mir Halt, Kraft und Inspiration gibt. Oder besser: Jemand, der die Quelle von Halt, Kraft und Inspiration in mir frei legt. Mit großer Offenheit sieht Gertrud von Helfta in der Liebe ihre Zuversicht: »Nun, o Liebe, halte mich und hab mich dir zu eigen, denn fürderhin, wenn nicht in dir, hab ich nicht Lebenshauch noch Seele.« Wo alles zu wanken und zu taumeln scheint, wendet sich Gertrud an »amor«, d. h. an die Liebe. Diese Liebe zerfließt nicht in dem romantischen Gefühl einer ›Blauen Stunde‹; sie bleibt nicht anonym. Sie hat ein Gesicht, denn immer wieder ruft Gertrud von Helfta ihren Gott beim Namen: »amor deus«, d. h. Gott-Liebe. Vom Gott, der die Liebe ist, erwartet sie, dass er ihrem Leben ein Fundament gibt. Sie ist bereit, dafür ihre Freiheit einzusetzen. Gertrud von Helfta weiß, dass sie in dieser Hingabe an die Liebe nicht verloren geht oder sich konturlos auflöst. Indem die Gott-Liebe sie zu Eigen nimmt, kommt ihr Leben überhaupt erst an sein Ziel und zu seinem Sinn. Nicht die Verhärtung der Eigeninteressen macht sie glücklich, sondern die Erfahrung des Gehalten-Werdens, des Geborgen-Seins. Die Quelle der eigenen Existenz liegt nicht im kompromisslosen Individualismus; der Lebenshauch kommt von einem Du. Nur in diesem Du – so ahnt die Mystikerin – kann sie beseelt leben, kann sie begeistert sein.

Es ist seltsam: Je mehr ich mein Eigenes um meiner selbst willen stärke, je mehr ich mich auf mich konzentriere, um so mehr entfremde ich mich mir selbst. Wer ich bin, erweist sich in der Begegnung mit einem anderen Menschen, mit einem anderen Geschöpf oder auch mit dem Du Gottes. Der Dichter Friedrich Rückert (1788-1866) hat dieses tiefe Wissen ins Wort gebracht: »Dass Du mich liebst, macht mich mir wert. Dein Blick hat mich vor mir verklärt.«

Selbstwert kann niemand erzwingen. Erst in der liebenden Wertschätzung eines Gegenüber wachsen Würde und Ansehen; erst darin kann ich die allzu vertraute Bahn quälender Selbstherabsetzung verlassen. Diesen spirituellen Weg geht auch Gertrud von Helfta: Sie sucht Inspiration und Vitalität im Du Gottes, denn in dieser Begegnung gewinnt sie Halt. Nur in dieser Hingabe erlangt sie ihren Ursprung, nur auf diese Weise wird sie Mensch, nur so gewinnt sie ihr Leben.

Michael Bangert

*»Vor dir steht
die leere Schale
meiner Sehnsucht.«*

Am Beginn meiner letzten Exerzitien wurde ich gefragt, was ich von dieser Zeit erwarten würde. Ich wusste keine rechte Antwort: Zeit haben, ausschlafen, nichts leisten oder beweisen müssen, einfach da-sein dürfen – auch vor Gott. Aber mir fiel dieser Satz der Gertrud von Helfta ein: *Vor dir steht die leere Schale meiner Sehnsucht*. Darin war für mich alles gesagt: der Sehnsucht Raum geben können; all dem, was sonst untergeht; dem nachgehen, was in mir lebt – und trauern über das, was verdorrt ist; nach den Lebensquellen in mir suchen.

Sehnsüchte, Träume, Wünsche – manche lassen sich erfüllen. Aber ist mir überhaupt bewusst, was ich im Tiefsten wünsche und ersehne? Meinen Träumen nachgehen … Was suche ich wirklich? Was träume ich? Was wünsche ich mir für mein Leben? Bin ich noch lebendig? Gelegentlich wundere ich mich, dass es in mir so etwas gibt, dass da eine Sehnsucht nach »Mehr« lebt

---

Gertrud von Helfta in: Exercitia Spiritualia, 7. Übung; Verkade 1956, S. 137.

und nicht totzukriegen ist. Obwohl ich sie manchmal auch lieber »zuschütten«, metertief vergraben will – weil sie unbequem ist, mich nicht zur Ruhe kommen, nicht zufrieden sein lässt. *Vor dir steht die leere Schale meiner Sehnsucht.*

Ja! Sehnsucht gehört zu meinem Leben: Sehnsucht, verstanden zu werden und zu verstehen, Sehnsucht, mich angenommen zu wissen, Sehnsucht nach Freiheit, zu wachsen, mich zu entfalten, Sehnsucht nach erfülltem Leben und Lebendigkeit. Sehnsucht nach Geborgenheit und Liebe, Sehnsucht, irgendwo ganz zu Hause zu sein, einen Ort zu haben, *meinen* Platz zu finden. Sehnsucht nach dem Du. Sehnsucht nach Gott. Sehnsucht nach der ganz Anderen.

Im Alltag bleiben Träume oft auf der Strecke, ausgetrocknet vom Trott, verloren zwischen Terminen, zerbrochen unter der dauernden Spannung. Und doch gibt es Momente, die wirklich er-füllt sind – ein gutes Gespräch, eine Begegnung, ein Tag, an dem einfach mal alles stimmt – aber das geht vorbei, und es bleibt etwas offen: es ist eben *nicht immer* so. Es bleibt die Sehnsucht – und die vergeblichen Versuche, mit Betriebsamkeit die Lücken zu füllen oder mir von anderen Menschen zu holen, was mir fehlt.

Irgendwann stelle ich dann enttäuscht fest, dass es so nicht geht, dass ich mich und andere mit meinen Erwartungen überfordere. Ich glaube, viele Beziehungen scheitern daran, voneinander die Erfüllung unserer *ganzen* Sehnsucht zu erwarten. Und bei alldem wächst die Sehnsucht weiter: »Es muss doch mehr als alles geben.« (Dorothee Sölle) Wird »die Schale meiner Sehnsucht«, dieses Fass ohne Boden überhaupt je gefüllt sein? *Vor dir steht die leere Schale meiner Sehnsucht.* Diese Leerstelle wahr-nehmen, an-erkennen, offen lassen, nicht(s) festhalten wollen, los-lassen; unterscheiden lernen, *diese* Sehnsucht gehört vor Gott.

Gertrud weiß, woher sie deren Erfüllung erwarten darf. Von Gott berührt, erfährt sie sich geliebt und angenommen mit ihren Grenzen, mit ihren Verletzungen, mit ihrer Sehnsucht. Die Begegnung mit Christus macht sie heil, eröffnet ihr Leben in Fülle.

Wohin gehe ich mit meiner Sehnsucht? Ich muss an den jungen Mann denken, der zu Jesus kommt, um zu erfahren, wie er an das Ziel seiner Sehnsucht, in das Reich Gottes, gelangen kann. Er hat schon viel getan, aber er spürt, es muss noch etwas anderes geben. Und er bekommt ein Angebot: alles, worauf er bisher gesetzt hat,

stehen und sich auf Jesus einlassen, in der Begegnung mit ihm das Leben zu suchen. Der junge Mann geht traurig weg. Ich träume davon, dem nachzugehen, der mich heilt und lebendig macht.
Vor dir steht die leere Schale meiner Sehnsucht.
Sehnsucht zieht mich vorwärts, lässt mich aufbrechen. Nelly Sachs sagt sogar: »Alles beginnt mit der Sehnsucht.« Solange ich die Sehnsucht habe, ist in mir etwas lebendig. Sie treibt mich, das Du zu suchen, in der Begegnung Erfüllung zu finden, der Verheißung des Lebens zu trauen. Vielleicht ist die Sehnsucht Gottes Stimme in mir, ist Ruach – Gottes Heiliger Geist, die mich wach, offen, fragend, suchend sein lässt, mich auf die Spur des Lebens bringt, mich lebendig macht. Und die deshalb nicht totzukriegen ist – ausdauernd wie ein Löwenzahn, der überall blüht und selbst durch Asphalt bricht. »Vielleicht braucht Gott die Sehnsucht« (Nelly Sachs), damit mich sein Leben berühren kann!
Vor DIR steht die leere Schale meiner Sehnsucht.

Angela Degenhardt

*»Und somit küsste er ihr
die Augen und Ohren,
auch den Mund und das Herz,
die Hände und Füße, und jedesmal
wiederholte er mit angenehmem Gesang
dieselben Worte, womit er in ihrer Seele
auf die würdevollste Weise das göttliche
Bild und Gleichnis erneuerte.«**

Bereits als Kind habe ich daran geglaubt, dass ein Kuss etwas Besonderes ist. Mit Begeisterung las ich immer wieder das Märchen von Dornröschen. Ich erlebte mit, wie eine junge Frau durch die zärtliche Berührung geweckt und letztlich durch Liebe erlöst wird. So ahnte ich zu dieser Zeit wohl schon, dass im Kuss eine Kraft verborgen sein muss, die befreit und beschenkt.
Dass es tatsächlich so ist, erfahre ich jetzt, in der Beziehung mit dem Mann, den ich liebe und der mich liebt. Auch wenn ich nicht zwischen Dornengestrüpp einhundert Jahre schlafe, so gibt es immer wieder Zeiten, in denen ich mich gefan-

---

* *Gertrud von Helfta* in: Gesandter der Göttlichen Liebe, Buch IV, Nr. 14; Lanczkowski 1989, S. 263.

gen fühle und nur noch meine Fehler und Stacheln sehe. Ich bin nicht in der Lage aufzustehen und zu handeln, weil ich es mir nicht zutraue oder sogar verbieten lasse.

Dann kann ein Kuss, eine Berührung, die »Liebe« spricht, mich befreien aus der Lähmung und dem Gefängnis, das sich um mich herum gebildet hat. Denn ein Kuss ist nichts Oberflächliches, sondern eine sanfte Berührung, die tief in mein Inneres dringt, mir bis ins Herz geht und wirklich mich meint. In der Begegnung mit dem Liebenden ist es mir möglich, die Augen zu öffnen für die Schönheit meiner Blüten. Dann sehe ich meinen Reichtum und kann andere damit beschenken, denn ich weiß mich geliebt – mit Blüte, Duft und Dornen.

Diese Erfahrung des Aufblühens gibt es auch in der Begegnung mit Gott, selbst ganz Liebe. Gottes Geist, die Ruach ist es, die mir Atem einhaucht und mich zu neuem Leben weckt. Vor dieser Kraft kann und muss ich mich nicht verstecken, denn sie liebt mich ganz so, wie ich bin. In der Berührung mit Gott kann ich mir meiner selbst bewusst werden und nicht nur annehmen, sondern lieben, wer ich bin: Eine Frau mit eigenen Stärken und dazu berufen, sie zu entfalten und zu nutzen. Ich bin herausgefordert, mich kennen zu lernen und zu entdecken, dass ich wirklich etwas zu geben habe. Dazu küsst Gott alle meine Sinne. In dieser sinnlichen Berührung erkenne ich meine eigene Würde, denn sie erneuert das göttliche Bild und Gleichnis in mir.

- Dann beginne ich zu entdecken, wie mein freundlicher Blick Menschen Ansehen verleihen kann und dass viele Gespräche erst möglich werden, weil ich bereit bin zu hören.
- Mit einem Mal finde ich heraus, dass mein Standpunkt von Bedeutung und mein Eingreifen entscheidend ist.
- Ich lerne, meinem Herzen zu folgen, die Kraft meiner Gefühle ernst zu nehmen, und bemerke, dass meine Worte machtvoll sind und gesprochen werden wollen.

Ich bin nicht irgendwer, sondern Tochter Gottes. Nach ihrem Bild geschaffen, kann ich in Freiheit mein Leben und meine Beziehungen gestalten. Aber um diese kreativen Kräfte frei zu setzen, muss ich die Berührung mit Gott wagen. Denn im Kuss der Ruach, der Geisteskraft, kann ich mich selbst lieben und entfalten. Dann wird mein Leben heilsam für mich und andere.

Beate Fröhmel

*»Je mehr ich dich koste,
um so mehr hungert mich.
Je mehr ich dich trinke,
um so mehr dürstet mich.«*[*]

Die verrückte, die unersättliche Sprache der Liebe! Gertrud gehört nicht zu denen, die ihre Leidenschaft ermäßigen und ihr Begehren ruhig stellen. Da ist ein vitaler Wunsch nach mehr, nach allem. Unsereiner ist sozusagen strukturell in Gefahr, die Hoffnungen aufeinander und füreinander zu ermäßigen. Man erwartet dann immer weniger, man mutet sich einander nicht mehr zu. Apathie und Depression sind oft die Folge, lebensmüde und gottesmüde zugleich, macht man sich »fertig«.
Hier aber spricht eine liebende Frau – maßlos in ihrer Leidenschaft, unersättlich in ihrer Begierde, wild in ihrem Verlangen: Liebe aus Passion (mit dem ganzen Doppelsinn von Leidenschaft und Leiden); die Lust, beieinander und ineinander zu sein. Nichts von burn-out, stattdessen eine brennende Liebe, heiß und neugierig, scharf auf den Geliebten.

---

[*] *Gertrud von Helfta* in: Exercitia Spiritualia, 3. Übung; Verkade 1956, S. 62.

Auffällig – und für fromme Gemüter gar anstößig – ist das Selbstbewusstsein dieser Frau: wie sie »ich« sagen kann, wie sie ihre Leidenschaft ernst nimmt! Heutzutage ist es ja bei den meisten Menschen »eine Unverschämtheit, wenn sie ich sagen« (Adorno). So angepasst, so dressiert, so vor-geschrieben geht es in der Erlebnisgesellschaft zu, in der so viel von Individualisierung gesprochen wird. Derart entschieden aber einstehen für den eigenen Lebensweg, derart einmalig und auch einsam Mut haben zur unverwechselbar eigenen Biographie, wirklich Original und nicht Rank-Xerox – das kennzeichnet Menschen, die sich lieben lassen und lieben wie Gertrud. »Wer glaubt, wird nicht weniger, sondern mehr Mensch.« (2. Vatikanisches Konzil) Er weiß sich ja von jenem Gott geliebt, der sich (seinem Volk und jedem und jeder darin) offenbart als »Ich bin, der ich bin«. Derart in Gott verwurzelt, kann der Mensch erst wahrhaft »ich« sagen: *ich* glaube, *ich* bekenne, hier stehe *ich* und kann nicht anders. Das aber ist kein einsames, kein inflationäres, kein Single-Ich; es empfängt sich ja in der Beziehung vom geliebten Du her. Hingerissen vom geliebten Anderen und zu ihm, komme ich ganz neu erst zu mir selbst. Geliebt und liebend, komme ich stets neu zur Welt und bin dann da: unverwechselbar ich, einmalig von Gottes Gnade.

Sympathisch sind die oralen Metaphern der Sehnsucht: Essen und Trinken als elementarste Lebensvollzüge; kosten, schmecken, genießen; »ich habe dich zum Fressen gern«. Die derzeit alles bestimmende Logik des Konsums und der Bedürfnisweckung spricht diesen unersättlichen Lebenshunger zwar an, aber nur besitzförmig und quantitativ. Hier aber spricht ein Mensch, der sich quantitativ nicht abspeisen lässt. Nicht die Menge machts – nein, es geht um die qualitative Intensivierung der Beziehung. »Selig sind, die hungern und dürsten nach Gerechtigkeit.«

Wer derart Durst spürt, weiß, was Trockenzeiten und Dürreperioden sind. Wer derart hungrig ist, spürt, was (und wer) ihm fehlt. Freilich: der Hunger *nach* Liebe ist etwas anderes als der Hunger *in* der Liebe; suchen, um zu finden, ist etwas anderes als suchen, weil wir gefunden haben und gefunden wurden. Dieses Je-mehr: das ist die Logik der Steigerung und Verschwendung. Gertrud weiß: noch ist in allem zu wenig, noch sind wir gesättigt nur mit ewigem Hunger (wie Mechthild von Magdeburg formulierte). Mit dem, was ist, können wir uns nicht zufrieden geben; mit dem, was auf dem Markt ist, können wir uns nicht abspeisen lassen. Es ist wie bei Kafkas Hungerkünstler, der auf das Essen ganz verzichtet, »weil ich nicht die Speise finden konnte, die mir schmeckt. Hätte ich sie gefunden, glaube mir, ich hätte kein Aufsehen gemacht und mich voll gegessen wie du und alle.« Gertrud hat die Speise gefunden, das Lebensbrot: »Ich habe dich zum Fressen gern.« Wer aber derart auf den Geschmack gekommen ist, gibt sich mit dem Vorgeschmack nicht mehr zufrieden. Der will den geliebten Anderen sich einverleiben, wortwörtlich. Wer glaubt, ist ein Hungerkünstler der besonderen Art; er ist voller Sehnsucht nach einer Zivilisation der Liebe für alle; er lernt die Kunst der Unterscheidung zwischen dem, was wirklich sättigt, und dem, was bloß Abspeisung und Ersatzbefriedigung ist. »Nichts ist der Sucht zum Verwechseln so ähnlich wie die Gottesliebe« (Pascal) – um so wichtiger die Unterscheidung.

Kein Wunder, dass die oralen Metaphern solcher Liebe zugleich eucharistische sind: »Nehmet hin und esset, nehmet hin und trinket.« Die kleine Hostie, der armselige Schluck Wein aus dem Kelch – nur ein Vorgeschmack, ein Aperitif, ein Anfang von dem, was wir erhoffen: »das ist mein Leib; nimm und iss« – das ist die Haltung der Hingabe, erotisch und spirituell zugleich. Im Zeichen von Hunger und Durst immerhin schon die ersehnte, die sättigende Kommunion, »bis du kommst in Herrlichkeit« (und mit dir das wahre Leben). Bis dahin freilich bleiben wir, noch in den schönsten Oasenerfahrungen doch in der Wüste: Hungerleider, wortwörtlich: es muss mehr als alles geben. Nichts wäre tragischer, als die Stimmen solcher Sehnsucht zu verraten und uns mit Ersatzbefriedigungen abzufüllen oder ruhig zu stellen. Wenn unsereiner, stets ach so vernünftig und realistisch, doch etwas mehr von der Verrücktheit dieser Liebe hätte, von dieser maßlosen Leidenschaft, dieser unersättlichen Lust! Wenn es doch schon eine solche »Zivilisation der Liebe« gäbe, solch innigster Beziehungskultur – »für euch *und* für alle«!

Gotthard Fuchs

*»Richte auf den Kleinmut meines Geistes.
Tröste mich in meiner Herzensangst
und sprich: ›Ich werde dich nicht vergessen.‹«* [*]

Im Kinderspiel scheint es sie nicht zu geben, die Angst. »Wer fürchtet sich vorm Schwarzen Mann?« Darauf kam prompt die Antwort »Niemand!« Doch das Leben ist kein Kinderspiel. Da kann sie einen schon packen, die Angst.

> »Die Nacht ist wie ein großes Haus.
> Und mit der Angst der wunden Hände
> reißen sie Türen in die Wände;
> dann kommen Gänge ohne Ende,
> und nirgends ist ein Tor hinaus.«

So beschreibt Rainer Maria Rilke in einem seiner Gedichte die Urerfahrung der Angst und der Verlorenheit. Wir sprechen nicht umsonst vom blanken Entsetzen, vom gewaltigen Grauen oder panischer Furcht. Die kann ich nicht einfach wegdiskutieren. Da hilft auch nicht die wohlgemeinte Ermunterung: »Nun reiß dich doch zusammen!« oder die eigene Ermutigung: »Selbst ist der Mann! Selbst ist die Frau!«

---

[*] *Gertrud von Helfta* in: Exercitia Spiritualia, 7. Übung; Verkade 1956, S. 139.

Freilich bedarf es eines echten Selbstvertrauens und einer gesunden Selbstsicherheit. Aber erwachsen diese nicht erst aus einem Zutrauen, das andere uns schenken, und aus Erfahrungen, die ich auf dem Hintergrund von Wohlwollen und Annahme mache? »Das Wort, das dir hilft, kannst du dir nicht selber sagen«, meint deshalb ein afrikanisches Sprichwort. Wir bedürfen der Zuwendung. Nicht umsonst ist das Schlimmste, was einem Menschen widerfahren kann, das Allein- und Vergessensein. Und genau da taucht sie auf, die Herzensangst, die an die Substanz geht. Da sinkt mein Mut auf den Nullpunkt. Ein schrecklicher Zustand! Da rutscht alles weg. Da habe ich keinen Boden mehr unter den Füßen. Da bin ich selber völlig am Boden.

Von solchen Erfahrungen spricht offenbar das Wort der Gertrud. Davor ist wohl niemand gefeit, auch die Großen nicht. Doch woher kommt uns Hilfe? Es darf kein billiger Trost sein. Hier wird wiederum glaubhaft, was Menschen erfahren haben, auch Gertrud. Da gibt es jemanden, an den ich mich wenden kann. Da ist einer, der all unsere Todesangst umfangen kann, weil er sie selbst durchgemacht hat. Da gibt es jemanden, der aufrichtet und tröstet. Da ist einer, der nicht vergisst, sondern für uns da ist. Auf Ihn

gilt es zu setzen. Allerdings nicht als automatisches Rezept. Hier geht es um ein Vertrauen von Du zu Du. Kann ich Dem trauen?
In einer Segenszusage heißt es:

> In das Dunkel deiner Vergangenheit
> und in das Ungewisse deiner Zukunft,
> in den Segen deines Helfens
> und in das Elend deiner Ohnmacht
> lege ich meine Zusage: ICH BIN DA.
>
> In die Enge deines Alltags
> und in die Weite deiner Träume,
> in die Schwäche deines Verstandes
> und in die Kräfte deines Herzens
> lege ich meine Zusage: ICH BIN DA.

Die Erfahrungen von Gertrud und anderen können auch mich ermutigen, dieser Zusage Gottes zu vertrauen und Ihn zu bitten: »Richte auf den Kleinmut meines Geistes. Tröste mich in meiner Herzensangst und sprich: ›Ich werde dich nicht vergessen.‹«

H.-Konrad Harmansa

*»Du hast mich
deines Kusses
der Liebe
gewürdigt.«**

1. Dieser Kuss: hautnah.
   Menschenhaut-nah.
   Duftet nach Betlehem.
   Brennt wie Golgota.
   Das Risiko
   SEINES Kusses
   bis heute.

   Leuchtendes Angesicht
   über mir.
   In DEINEM Kuss erblühen
   die Lilien auf dem Felde,
   und die Vögel unter dem Himmel
   bauen Nester
   auch für meine Sehnsucht.
   Nach einem Ort – irgendwo.

Gertrud von Helfta in: Gesandter der Göttlichen Liebe, Buch II, Nr. 21; Lanczkowski 1989, S. 49.

Schmerzensküsse
verlieren an Bedeutung.
Judasküsse. »Bruderküsse«.
Erzwungene Küsse.
Untertanenküsse. Anpassungsküsse.
Speichellecker-Küsse.
Sei-fein-artig-Küsse.
DU küsst mich frei.
Führst durchs Meer der
Würdelosigkeit in ein Land,
in dem Küsse nach
Milch und Honig schmecken.

2. DEIN KUSS

G eschehen lassen
E rwarten
W illkommen heißen
Ü berrascht sein
R ot werden
D anken
I nnehalten
G länzen
T anzen

3. Mit DEINEM Kuss, Gott, baust
   Du mir die Brücke zum Fluss
   des lebendigen Wassers.
   Ich schließe die Augen,
   öffne mein Herz und spring: ins
   Kalte, ins Laue, ins Heiße.
   Erschauere, aber erfriere nicht.
   Werde erhitzt, aber verbrenne nicht.
   Ich höre den Ruf der Quelle.
   Frühlingsruf, Osterruf.
   »Wer zur Quelle will,
   muss gegen den Strom schwimmen.«

Gabriele Herbst

*»Nimm mich auf
in den Schoß deiner Liebe.
Reiche mir den frischen
Wassertrunk heiliger Hoffnung,
auf dass ich lebe.«*

Das Leben ist zerbrechlich. Wo es sich vorwagt, wittert der Tod seine Chance. Krankheit und Verfall des Leibes, aber auch Verwundung und Schmerz der Seele verbrauchen die Kräfte und zehren sie auf. Täglich nutzt das Leben sich ab. Es ist dem Prozess des Alterns unterworfen und der Vernichtung preisgegeben. Gertrud von Helfta, die in einem Kloster lebt und als Seelsorgerin arbeitet, bekommt dies in ihrem Alltag besonders zu spüren. Denn Menschen aus der nahen Umgebung und von weiter kommen zu ihr, um Trost und Beistand, Ermutigung und Rat zu empfangen. Sie breiten ihre Sorgen und Nöte aus, die sie alltäglich oder auch in besonderen Lebenskrisen bedrängen. Sie sind am Ende ihrer Kräfte und erwarten im Kloster Stärkung. Sie haben keine Fühlung mehr mit der Quelle, die ihrem Alltag neue Energie zuführt. Ihr Leben

---
Gertrud von Helfta in: Exercitia Spiritualia, 7. Übung; Verkade 1956, S. 132.

braucht Erneuerung und sehnt sich nach Neuschöpfung. Auf dem Weg ins Kloster machen sie sich auf die Suche nach dem Geheimnis ihres Lebens, das dem verschlissenen Alltag neue Kraft und Orientierung gibt.

Wie aber kann hier Umkehr geschehen, die Wende vom Tod zum Leben? Eine Seelsorgerin hat nicht viele Mittel in der Hand, und schon gar keine Machtmittel, mit denen sie dies bewirken könnte. Aber das Wort Gottes steht ihr zur Seite, das in ihrem Mund Gestalt gewinnt. Es spricht in die menschliche Ohnmacht und in die Auszehrung des Lebens hinein. Das richtige Wort zur rechten Zeit setzt Lebensmacht frei, die in den Brüchen des Lebens zum Aufbruch befähigt. Es kann das verschlossene Leben öffnen, seine Quelle freilegen und zum Sprudeln bringen. Den Weg hierfür zu bereiten, ist Aufgabe der Seelsorgerin. Damit das Wort Gottes zu Gehör kommt, macht sie sich dem Geheimnis des Lebens auf die Spur, das in der menschlichen Ohnmacht seine befreiende Macht offenbart. Es gibt die Kraft, dass Menschen ihrem zermürbenden Alltag geduldig und beharrlich das Leben abringen.

Bei Gertrud von Helfta sind Mystik und Seelsorge untrennbar miteinander verbunden. Ihre

Mystik ist gezeichnet von den Sorgen und Nöten, von Freude und Hoffnung der Menschen ihrer Zeit. Geistlich zu leben heißt für sie, wirklich zu leben – aufmerksam, wach, geistesgegenwärtig. Dies zeigt vor allem ihr Buch »*Exercitia spiritualia*«. Geistliche Übungen sind notwendig, weil sich das Leben manchmal verschließt, weil es in Schuld erstickt, im Alltagstrott versiegt, an Krankheit und Tod scheitert. Geistliche Übungen rufen den Heiligen Geist herab, die göttliche Ruach, die in der Asche der Vergänglichkeit das Feuer der Begeisterung wieder entzündet und in der dunklen Nacht der Seele das Licht zum Fließen bringt. Die Mystikerin sucht Zuflucht bei Gott und bittet: »Nimm mich auf in den Schoß deiner Liebe. Reiche mir den frischen Wassertrunk heiliger Hoffnung, auf dass ich lebe.«

Gertrud führt hier ein mütterliches Bild vor Augen: die göttliche Liebe, die Mutter des Lebens, nimmt in ihren Schoß auf und spendet den frischen Wassertrunk heiliger Hoffnung. Ohne Hoffnung kann ein Mensch nicht leben. Hoffnung lässt aufatmen, den Blick vom Boden heben, neue Kräfte schöpfen. Aber damit sie nach dem Erwachen nicht umso niederschmetternder ist, muss die Hoffnung auf festen Grund bauen und darf keine Täuschung sein. Deswegen sucht Gertrud nach der »heiligen Hoffnung«. Die heilige Hoffnung entsteht aus dem realistischen Blick auf das, was bedrängt und die Luft zum Atmen raubt. Sie verschleiert nichts und redet die Dinge nicht schön. Aber sie schaut auf die Chancen zum Aufbruch gerade in dem, was zerbricht. Sie redet dem Leben das Wort und bringt die Zeichen zur Sprache, die noch verborgen sind und deswegen leicht übersehen werden, die aber in die Zukunft weisen.

Wer sich den Zeichen der Hoffnung auf die Spur macht, die in den Brüchen des Lebens noch verschüttet sind, kann die Vision von einem neuen Leben entwickeln. Eine solche Vision ist nicht aus der Luft gegriffen, denn sie setzt bei der Zerbrechlichkeit des Lebens an. Aber sie lässt nicht resigniert die Hände sinken, denn sie führt in ihrem Wort vor Augen, wo sich in den Brüchen neues Leben Bahn bricht. Wenn der Mystikerin die heilige Hoffnung zuteil wird, erlangt ihr Wort visionäre Kraft, die auch andere begeistert und mitreißt.

Gertrud von Helfta hat die Gnade der heiligen Hoffnung als übersprudelnde Quelle des Lebens erfahren. Als junge Frau hat sie eine tiefe Lebenskrise durchgestanden, aus der sie mit neuer

Hoffnung erwacht ist. Damals hat sie an Leib und Seele eine Neuschöpfung erfahren, eine Metamorphose: »Und dann begannst du, Gott, in mir zu wirken, wunderbar und voller Geheimnis.« Sie beschreibt diese Neuschöpfung als Lichtereignis: »Die wunderbare Wirkung des Lichts ergriff alle meine Glieder, es drang bis ins innerste Mark; es schien mir Fleisch und Bein aufzulösen, und ich hatte die Empfindung, als sei mein Körper und meine Seele nichts als Licht, göttliches Licht« (Göttliche Liebe II, 23 und 21).

Die heilige Hoffnung ist eine österliche Erfahrung. In ihr erwacht das Leben und kommt wieder in Fluss. Es bricht sich Bahn mit aller Macht – lustvoll und herausfordernd, spielerisch und erfüllt von Tanz. Denn Gott erhellt die Nacht der Seele durch den Funken der Hoffnung, der sich am Licht der Auferstehung entzündet.

Hildegund Keul

*»Siehe,
ich habe meine Worte
in deinen Mund gelegt.«**

Den Propheten gleich ist das Selbstbewusstsein der Frau, die ihre Nachwelt sehr bald *Gertrud die Große* nennt. Ihre innerste Erfahrung ist: Gott sucht den Menschen, Gott sucht mich, ich muss ihn einlassen. Sie staunt und öffnet sich und wundert sich. Wer bin ich, dass DU mich gebrauchen kannst? Warum gerade ich? Gottes Geist sucht immer neu Propheten und Prophetinnen, sucht und findet sie zu jeder Zeit. Der Geist weht, wo er will.

»Es wird geschehen, dass ich meinen Geist ausgieße über alles Fleisch. Eure Söhne und Töchter werden Propheten sein.« (Joel 3,1) Sie werden in Vollmacht handeln. Gertrud war sich ihrer Vollmacht bewusst. Christus selbst hatte sie ihr verliehen.

Gottes Geist geht nicht nach den Maßstäben, die die Welt groß nennt. »Das Törichte in der Welt hat Gott erwählt, um die Weisen zuschanden zu machen, und das Schwache in der Welt

---

* *Gertrud von Helfta* in: Gesandter der Göttlichen Liebe, Buch I, Nr. 14; Lanczkowski 1989, S. 552.

hat Gott erwählt, um das Starke zuschanden zu machen« (1 Kor 1,27). Die schwache Frau wird ausgesucht und ermächtigt. Mehr noch als ihre biblische Schwester am Jakobs-Brunnen, die Jesus als Verkündigungsbotin auserwählt, weiß Gertrud, wie sehr der Herr sich mit ihr identifiziert: »Und ihre Zunge berührend sagte der Herr: Sieh, ich habe meine Worte in deinen Mund gelegt, und was immer du in meinem Namen jemandem verkünden wirst, das bestätige ich in meiner Wahrheit. Und wem immer du von meiner Güte etwas verheißest auf Erden, das wird genehmigt und gutgeheißen werden im Himmel« (Leg I,14). Stärker geht es kaum. Dürfen wir hier von der »Priesterweihe« Gertruds sprechen? Wir werden erinnert an die Binde- und Lösegewalt, die den Aposteln verliehen wurde (vgl. Mt 18,18). Damit keine Zweifel aufkommen, wiederholt Christus die Vollmacht, die Gertrud gegeben wurde, noch mehrere Male: »Da hauchte der Herr sie an und gab ihr den Hl. Geist: Empfangt den Hl. Geist, wem ihr die Sünden vergebt, dem sind sie vergeben« (Joh 20,22). Sie fragte: Herr wie kann es denn sein, da diese Gewalt des Bindens und Lösens allein den Priestern gegeben ist? Der Herr antwortete ihr: »Ich werde durch deinen Mund reden« (Leg, IV 32).

Mit dieser Vollmacht ist der priesterliche Auftrag verbunden, den Sünder anzunehmen, zu binden und zu lösen, damit der Mensch eine neue Lebenschance bekommt. Das ist die tiefe Gotteserfahrung der hl. Gertrud. Sie ist sein Werkzeug und ruft erstaunt: »Mein Gott, du hast mich armseliges Geschöpf auserwählt, damit Menschen wieder vertrauen und hoffen können« (Leg II 8,27). Mich erinnert das an ein Hochgebet für besondere Anliegen, darin heißt es: »Lass uns denken und handeln nach dem Wort und Beispiel Christi…, damit die Menschen neue Hoffnung schöpfen« (Hochgebet 4, Jesus der Bruder aller). Jesu Tun und seine Verkündigung war das Tun und Lassen der hl. Gertrud. Es war die Praxis eines Herzens, das von Gott berührt ist. Wäre doch auch unsere Glaubenspraxis ihm und ihr ähnlicher …

Zeuge der Sehnsucht Gottes nach dem Menschen zu sein, ist uns aufgetragen. Unter Frauen und Männern sucht Gott sich seine »Amtsträger« und »Amtsträgerinnen«. Wir sind getauft und damit hineingenommen in das Amt, den sehnsuchtsvollen und barmherzigen Gott zu verkünden. Weil Gott Sehnsucht nach den Menschen hat, schafft er sich ein Volk, das betet: »Dein Reich komme, dein Wille geschehe.« Sein Wille ist es, dass alle das ewige Leben haben (vgl. Joh 6,40).

»Ich lege meine Worte in deinen Mund.« Gott kann und will mit seinem Geschöpf unmittelbar handeln. Der Mensch, der Gott in sich hineinlässt, ist das Verbindungsglied Gottes zum Menschen. Gott lebt und Gott liebt. Gott hat eine unbändige Sehnsucht nach den Menschen und ihrem Glück. Gertrud hat Gottes Nähe, seine Wirksamkeit und Wirklichkeit unmittelbar gespürt mit ihren Sinnen. Sie wird ein leeres Gefäß für ihn, das dann – von ihm gefüllt – voller Macht priesterlich handelt. Christus hat keine Hände, nur die unsrigen, um beim Menschen zu sein. Christus hat keine Füße, nur die unsrigen, um zum Menschen zu gehen. Christus hat keinen Mund, nur den unsrigen, um lobpreisend und versöhnend zu sprechen.

Gertrud war vielfältig ihrer und auch noch unserer Zeit voraus. In ungebrochenem Selbstbewusstsein geht sie zielsicher ihren fraulichen Weg. Berührt von Gott sieht sie sich als Stellvertreterin Christi und verkündet einen Gott, der die ganze Welt in sein Licht tauchen will.

Willi Kraning

*»Wohin soll ich vor der Kälte fliehen,
da ich die Strenge des Winters
nicht mehr ertragen kann?*

**Die Lauheit meiner Seele hat schon
alle Fluren meines Herzens in Eis gefesselt.**

*Eja, beschatte mich mit deinen Flügeln
und decke die Schmach meiner Nacktheit zu,
damit ich unter deinem Gefieder warm werde
und auf ewig hoffe unter deinen Fittichen.«*[*]

Jedes Jahr Ende Januar ist es wieder soweit: ich kann den Winter einfach nicht mehr aushalten. Ich habe ihn satt, den Geruch von Heizungen, die kalte Stille, die mir in Nase und Ohren beißt, die Farblosigkeit in allen Graustufen. Die Sehnsucht nach Wärme, dem Zwitschern der Vögel, grünen Blattspitzen und honigsüßen Lüften, nach allen sichtbaren Veränderungen als Beweis von Lebendigkeit steigert sich immer mehr. Alle Sinne müssen darben und hoffen auf den kommenden Reichtum an Reizen.

---

[*] *Gertrud von Helfta* in: Exercitia Spiritualia, 7. Übung; Verkade 1956, S. 145.

Der Winter – etwas, das mir einfach widerfährt? Anders als der jahreszeitliche Ablauf, dem ich unwillentlich unterliege, ist es hier die »Lauheit meiner Seele«, die »schon alle Fluren meines Herzens in Eis gefesselt« hat. Ich selbst, meine Unentschlossenheit, mein Klein-Mut, sind die Quellen für die Kälte um mich herum. Lebe ich konsequent nach meinen Vorstellungen oder mache ich ständig laue Kompromisse; ja, übermorgen fange ich dann richtig an … Wo bleibe ich eiskalt, einfach cool, statt mich anrühren zu lassen? Wo kühlt meine Liebe aus, verliert sich die wärmende Glut und Zündkraft des Beginns in abgestandenem unterkühltem Alltagsmiteinander?

Wohin soll ich vor dieser Kälte fliehen, wenn sie aus mir selbst kommt? Wo ist der Ausweg aus dem selbstgemachten Eisschrank?

Ich stelle mir vor, wie ich als kleine frierende Person irgendwo draußen zwischen Schnee und Eis kauere: wohin soll ich fliehen? In eine warme Stube, mich noch weiter in mich zurückziehen oder abwarten? Die Lösung ist anders. Ich darf mich kuscheln in ein warmes Federkleid, ein lebendiges Daunenbett. Mich beschützt einer, der nicht nur Schutz und Wärme geben kann. Er leiht mir seine Flügel. Er kann mich aus dieser Kälte hinausfliegen. Ich überwinde meine innere Kälte durch die Gewissheit, nicht nackt und bloß auf mich selbst geworfen zu sein. Flügel sind es, die mich beschützen und wärmen. Flügel können fliegen, eröffnen eine neue Dimension.

Weg von der Erd-Verhaftetheit meiner lauen Seele.

Ende Januar, und ich möchte fliehen vor Kälte und trübem Himmel. Und zugleich ein Schritt hin zu einer brennenden Sehnsucht. An den Grenzen meiner Geduld und Belastbarkeit merke ich, was mir noch fehlt. Wärme und Geborgenheit sind ein Geschenk des Vaters, der aus einer anderen Dimension kommt. Er breitet seine Flügel über mich, wenn ich ihn rufe: eja. Er kann die Lauheit meiner Seele verwandeln in verheißungsvoll laue Frühlingsluft.

Wir brauchen wohl diese Ende-Januar-Erfahrung, um unsere eigene Begrenztheit und das große Bedürfnis nach den schützenden Fittichen zu spüren. Jedes Jahr, wenn die ersten Osterglocken ihre Knospen recken und die Frühlingssonne bunte Blumenzwiebeln und unsere Träume keimen lässt, schmilzt die Angst vor dem Erfrieren. Beim Duft von frischem Grün vergessen wir die nicht zu ertragende Kälte des

Januars. Das große Frühlingsfest, Ostern, lehrt uns jedes Jahr, zu hoffen und zu vertrauen darauf, dass es diese schützenden Flügel gibt. Die Hoffnung auf den ewigen Frühling und eine neue Dimension.

Regina Lorek

»Ich werde für dich ein Lied singen.«*

»Davon kann ich schon ein Lied singen«, so reden wir manchmal daher, wenn andauernd etwas wiederholt wird, was wir schon oftmals gehört haben. Immer dasselbe, immer dieselbe Leier, diese ständigen Wiederholungen und die sich immer wiederholenden Vorwürfe. Ein solches Lied wollen wir nicht mehr hören! Es reicht. Es ist genug. Kurzum: davon kann ich schon ein Lied singen!

Ganz anders bei der heiligen Gertrud: »Ich werde für dich ein Lied singen!« Ein schönes Lied. Ich will dich loben und preisen, ich will dir danken. Ihm, dem Allerhöchsten, dem Allerbesten, ihrem geliebten Herrn will sie ihr Lied singen. Denn die ursprüngliche Bedeutung von »ein Lied singen« ist loben und preisen, anerkennen und gutheißen. Innige Zärtlichkeit und liebevolle Anmut sind in diesem Lied enthalten. Es ist wie eine Liebeserklärung, dieses Lied.

---

* *Gertrud von Helfta* in: Gesandter der Göttlichen Liebe, Buch III, Nr. 8; Lanczkowski 1989, S. 70.

Wir können sie geradewegs vor uns sehen, die heilige Gertrud, wie sie den Blick ihres Herzens, ihre ganze glaubende Vertrautheit auf ihren Herrn und Gemahl richtet. Wie sie da vor ihm steht und wie sie seiner gegenwärtig wird. Und wie sie ihr Lied singt. Wie sie sich freut über ihn, den Kyrios über alle Welt. Sie möchte ihm ihr Lied schenken, ein ganz persönliches. Ein Lied, eine Melodie für ihn ganz allein, dem sie sich in ihrer Liebe erkoren hat. Aber auch ihr Geliebter, ihr vertrauter Gemahl, ihr Herr und Meister, der Kyrios selbst singt ihr das Lied seiner Liebe. Seine süße Melodie singt von seiner überströmenden Liebe zu ihr, er, der allein ihr Herz erfüllen kann, er, der selbst Leben in Fülle ist.

»Ich werde für dich ein Lied singen«, so wie eine Lerche singt und sich dabei in den Himmel schwingt, immer weiter und immer höher, ihr Lied singend ohne Ende. Mit einem Lied lässt sich ausdrücken, was mit Sprache allein nicht zu sagen ist. Dieses Lied singt vom Leben mit Gott, von unvorstellbarer Seligkeit, von einer verzehrenden Liebe wie Feuer, das entbrannt ist und nie mehr gelöscht werden kann. Das Leben selbst ist gewonnen, das Leben in unsagbarer Fülle. Davon singt dieses Lied. Es tönt und klingt, es jubelt und frohlockt in silbernen Tönen. Dieses Lied geht zu Herzen. Es singt von der friedvollen Welt und von dem großen Gott. Dieses Lied übersteigt alle Grenzen und Barrieren. Es eröffnet Tore der Hoffnung. Es singt von der ewigen Ewigkeit. Dieses Lied findet kein Ende. Immer wieder wird es angestimmt, so als ob es nichts Wichtigeres gäbe auf der ganzen Welt, als dem Gott des Lebens zu singen, dieses Lied, ihr Lied, ihre Melodie, ihr blutjunges Leben.

Wenn wir doch auch unserem Gott unser je eigenes Lied singen würden. Das Lied der Freude und das Lied vom Leid der ganzen Welt. Das Lied der Hoffnung und das Lied des Friedens. Dieses Lied könnte die ganze Welt verändern. Die Menschen zeigten ihr wahres Gesicht, und in ihren Augen leuchtete wieder das Lied vom Leben. Einfach vor Gott unser Lied singen, ein trauriges und ein fröhliches, ein kleines Lied und eine kleine Melodie. Gott hört unser Lied und es freut ihn, dass der Mensch heimgefunden hat, da er vor ihm sein eigenes Lied singt. Ein Lied verbindet. Ein Lied vereint Gott und Mensch. Menschen finden zueinander und beginnen sich zu verstehen. Das Lied singt einfach, so wie die Liebe einfach liebt. Ein Lied lässt hoffen und macht Mut. Das Lied öffnet das Herz und die Ohren Gottes, und der Mensch findet das Leben, da er vor Gott steht und ihm sein Lied singt.

Das hat die heilige Gertrud uns hinterlassen. Das ist ihr Vermächtnis, wie der Mensch für die Welt und die Menschen ein Segen werden kann. »Ich werde für dich ein Lied singen.« Ich werde davon nicht lassen, denn schon damals »sangen sie das Lied des Mose, des Knechtes Gottes und das Lied zu Ehren des Lammes: Groß und wunderbar sind deine Werke, Gott und Herrscher des Alls« (Offb 15,3).

+ *Leo Nowak*

»Fürchte dich nicht,
sondern sei getröstet, stark und sicher.
Denn ich selbst, der Herr und Gott,
dein lieber Freund, habe dich
aus unverdienter Liebe geschaffen
und erwählt, um in dir zu wohnen
und mich an dir zu erfreuen.«[*]

Wir leben in einem Zeitalter, das geprägt ist von der Angst. Durch die Ereignisse des Jahres 2001 hat sie sich noch gesteigert. Ist das noch ein Leben – das Herz immer umklammert und immer zusammengepresst von der Angst?
Gertrud sagt einmal: nach ihrer ersten großen Vision war ihr Leben frei von Angst und Sorge. Und auch ihre Zeit war unruhig, kriegerisch und bedroht. Sie hat sich eingelassen auf die Zusage Gottes – eine uralte Zusage übrigens, die wir, fast wörtlich, schon im Alten Testament finden. Jemand könnte einwenden: Was nützt das mir, was Christus dieser Nonne im 13. Jahrhundert zusprach? Der Herr betont aber in seinen Begegnungen mit Gertrud wiederholt: *Was ich dir sage,*

---

[*] *Gertrud von Helfta* in: Gesandter der Göttlichen Liebe, Buch I, Nr. 14; Lanczkowski 1989, S. 551.

ist nicht allein für dich – es gilt allen; gib es weiter an sie! Das Wort gilt bis heute; gilt dir und mir. Und ebenso gilt uns allen die Aufforderung, das Wort weiterzugeben an die Menschen unserer Umgebung, an die Angstvollen und Verzagten, ihnen vorzuleben, dass wir im Vertrauen auf diese nie veraltende, allezeit gegenwärtige und aktuelle Zusage Gottes in allen Turbulenzen und Zusammenbrüchen unserer Zeit die Gelassenheit bewahren, die ruhige Gewissheit: Er ist immer mit uns. Er sagt auch uns heute: »Fürchte dich nicht, sei getrost, sicher und stark. Ich bin bei dir und lasse dich niemals im Stich.«

Wenn uns solch ein Wort von einem Menschen gesagt würde, so könnten wir es, meine ich, nur annehmen und glauben, wenn wir überzeugt wären, dass dieser Mensch es ganz gut mit uns meint, dass er uns lieb hat. Und da Gott als unser Schöpfer auch der beste aller Psychologen ist und unser innerstes Herz kennt, gibt ER Gertrud nun auch sofort diese Zusage: »Ich, Gott der Herr, bin dein lieber – liebender – Freund.« Und auch dies ist – wir müssen uns das immer wieder bewusst machen – genauso *uns* zugesagt: Ich bin dein Freund. Ich meine es ganz gut mit dir. Ich lasse dich niemals im Stich, bin die Liebe und Treue in Person.

Wenn wir das ernst nehmen – und wir dürfen und sollen es –, dann kommt mir das so vor, wie wenn wir etwa bei einem Schiffbruch, nach hilflosem Anklammern an treibende Planken, endlich den festen, zuverlässigen Boden eines stabilen Bootes unter den Füßen hätten, das uns sicher ans Ufer trägt, in dem wir uns absolut geborgen fühlen können. Oder es ist auch so, wie ich das einmal im Traum erlebte: Ich ging nachts bei tiefer Dunkelheit durch die Gassen einer mir völlig fremden Stadt. Da und dort hörte ich undefinierbare Geräusche, glaubte ich, schattenhafte Gestalten huschen zu sehen. Ich fürchtete mich schrecklich. Da legte sich plötzlich sehr sanft und fest zugleich ein Arm um meine Schulter und eine ruhige Stimme sprach: »Hab keine Angst! Ich bin doch immer bei dir.«

In unserem Zitat fährt der Herr fort: »Aus unverdienter Liebe habe ich dich erschaffen und erwählt.« Ja, Liebe kann und braucht man sich nicht zu verdienen. Sie wird einem einfach geschenkt. Vielleicht hatte Gertrud, haben auch wir immer wieder die Angst: »Ich habe doch nichts aufzuweisen, wofür mir Gott gleichsam Liebe und Freundschaft schuldete. Wird ER sie mir trotzdem immer wieder neu schenken? Ja, ER wird es tun.«

Häufig versichert ER der heiligen Gertrud, dass es nicht auf ihre Leistungen, nicht auf ein fehlerloses Wohlverhalten ankommt, sondern dass es seiner Natur entspricht und IHM – menschlich gesprochen – Freude macht, seine Gaben, sich selbst umsonst zu verschenken. Von unserer Seite bedarf es nur der Sehnsucht und eines großen Vertrauens. Wie trostvoll für uns, die wir uns immer wieder als ›arme Sünder‹ erkennen.
Schließlich fügt der Herr noch an: »Ich habe dich erwählt, um in dir zu wohnen, mich an dir zu erfreuen. Nur dazu habe ich dich in Liebe erschaffen und erwählt.« Nochmals eine Steigerung! Gott sagt nicht nur: »Ich liebe dich und bin dir nahe«, sondern: »Ich möchte in dir sein, möchte ganz vereint sein mit dir.« Und nicht nur ER wohnt in uns, wir wohnen zugleich in IHM, sind umschlossen von IHM wie der Kern von der Frucht. Und wir brauchen uns dies nicht zu verdienen; wir brauchen es nur anzunehmen.
Da fällt mir der Anfang eines alten Volksliedes ein: Mit Lieb' bin ich umfangen, Herzallerliebster mein … Ja, so ists: Mit Lieb' umfangen sind wir, von Liebe durchdrungen, ganz aufgehoben und geborgen in ihr. Kann daran nicht all unsere Angst zerrinnen?

Assumpta Schenkl

*»Sei gegrüßt, mein Heil und Licht meiner Seele, **alles, was der Saum des Himmels, der Kreis der Erde und** die Tiefe des Abgrunds umfasst, **soll dir danken für deine Gnade.
Durch deine Gnade hast du meine Seele angeleitet, das Innerste meines Herzens, meiner selbst zu erkennen und danach genau zu betrachten.
Vorher habe ich mich um mein Innerstes ebensowenig gekümmert wie um den Zustand meiner Fußsohlen.«*** *

»Der Herr ist mein Licht und mein Heil; wen sollte ich fürchten«, so heißt es im 1. Vers von Psalm 27. Gertrud von Helfta wandelt den ihr bekannten Satz um in ein Gebet, indem sie den Herrn mit DU anspricht. Gott ist für sie kein abstraktes Gebilde, sondern der erwünschte Gesprächspartner. Sie grüßt ihn und bekennt: Du bist mein Licht und mein Heil. Sie überträgt damit ein Schriftwort in ihre persönliche Bezie-

---
* *Gertrud von Helfta* in: Gesandter der Göttlichen Liebe, Buch II, Nr. 3; Lanczkowski 1989, S. 15.

hung zu Gott. Wer zum Herrn aus ganzem Herzen sagen kann: Du bist für mich das Licht, in dir finde ich Heil, hat etwas vom Wesen Gottes begriffen.

Es klingt wie eine Liebeserklärung: mein Licht! Das lässt auch an: mein Schatz! denken. Dass Gertrud solch eine positive Aussage über Gott hervorhebt, ist angesichts ihrer eigenen Biografie als Waise und der oft verworrenen Geschehnisse ihrer Zeit im 13. Jahrhundert nicht von vornherein selbstverständlich. Staunend dankt sie für die ihr geschenkte Gnade. Sie sieht es als Gnade, als Geschenk an, dass sie fähig wurde, das Innere ihres eigenen Herzens zu erkennen und zu betrachten. Bedeutet das nicht, mit liebender Aufmerksamkeit ein geistliches Leben zu führen? Wenn ich am Abend den vergangenen Tag noch einmal im Rückblick ansehe, dann können mir viele äußere Dinge dazu einfallen: erledigte Aufträge oder noch anstehende nächste Schritte, die zu gehen sind. Solange ich lebe und mich bewegen kann, muss ich auf meinen Fußsohlen weiterlaufen. Die Medizin weiß, dass dort, an den Fußsohlen, Druckpunkte für die inneren Organe eines Menschen liegen. Fußreflexmassagen kommen dem ganzen Körper zugute. Es ist oft leichter, die Füße zu pflegen als auf das Innere des eigenen Herzens zu achten. Doch wenn die Massage der Fußsohlen dem Körper so gut tut, wieviel Gutes wird ihm dann erst zu teil, wenn der Mensch die Regungen seines Herzens kennen lernt.

Natürlich rät jeder Arzt, auf den Blutdruck und den regelmäßigen Herzschlag Acht zu geben, schließlich fühlt sich keiner mit Herzrhythmusstörungen wohl. Aber Gertrud von Helfta meint mit dem Inneren ihres Herzens eine tiefere Dimension. Wenn ich darauf zu achten lerne, was mein Herz heute beschäftigt hat, welche Gedanken es beunruhigt haben, dann komme ich langsam zu dem Punkt, an dem ich die leise Stimme meines Gewissens wieder hören kann. Gertrud spricht in ihren anderen Texten auch davon, dass sie zum Grund ihres Herzens hinabsteigen muss und dort Gottes Stimme vernimmt. »Zeige mir alle Bilder in deinem Herzen«, sagt der Herr einmal zu ihr. Ist das nicht tröstlich? Vor Gott brauche ich nichts zu verbergen, er kennt selbst den Schlamm oder das Schlüpfrige, die Schwächen, Steine oder Scherben, die sich im Inneren eines Herzens angesammelt haben können. Bei jedem beratenden Gespräch ist es heilsam, das alles einmal auszusprechen, was auf dem Herzen liegt. Dieses Heilsame erfährt Gertrud in der Öffnung ihres Herzens für Gott, von dem sie sich geliebt und angenommen fühlt. Sie vertraut ihm, dass er mit den preisgegebenen Bildern ihres Herzens richtig umgeht wie der beste Arzt. Jene, die ihm vertrauen, ihm glauben, führt er dahin, dass sie Licht sehen, wo es vorher dunkel war, dass sie Ruhe finden, wo alles hektisch scheint. »Bei Gott allein kommt meine Seele zur Ruhe« bekennt der Beter in Psalm 62. Im Buch Deuteronomium heißt es: »Du sollst den Herrn, deinen Gott, lieben mit ganzem Herzen, mit ganzer Seele und mit ganzer Kraft« (Dtn 6,4). Und Gertrud die Große antwortet dem Herrn: »In deiner Güte hast du meine Seele angelockt, danach zu streben, sich inniger mit dir zu vereinigen, dich klarer zu erkennen und freier zu genießen.« Für sie gilt nicht mehr das »du sollst«, sie möchte Gott mit ihrem ganzen Herzen lieben, nach dessen Licht sie sich sehnt.

Johanna Schwalbe

*»Mache mich reif im Glauben,
fröhlich in der Hoffnung,
geduldig in Drangsal,
freudig in deinem Lob,
feurig im Geiste.«*[*]

So betet Gertrud in einer ihrer Übungen. Was macht ihre Bitte auch heute so lebensnah und nachvollziehbar? Was verbindet uns mit dieser großen Mystikerin? Nur vergleichsweise wenige Menschen leben heute, wie sie, ein klösterliches Leben. Getrieben, immer nach Abwechslung und Neuem suchend, eilig und verplant gestaltet sich der Alltag der meisten Menschen. Wer nicht mitzieht auf der Suche nach ständiger Veränderung und Bewegung, der geht nicht mit unserer Zeit. Aber ebenso kann es passieren, dass wir in uns eine große Leere spüren, dass alles, was wir tun, scheinbar sinnlos ist. Dass eine Lebenskrise uns nach einer Neuorientierung suchen lässt. In solchen Zeiten ist es gut und heilsam, wenn wir Menschen begegnen, die uns zuhören können und die, selbst von heiterer Gelassenheit geprägt, uns neue Zuversicht geben.

Gertrud von Helfta in: Exercitia Spiritualia, 1. Übung; Verkade 1956, S. 13.

Auch Gertrud kann zuhören, hat ein offenes Herz für die Nöte der Menschen – und strahlt so Hoffnung aus. In ihrer Bitte spüren wir aber auch, dass ihr diese Talente sicher nicht einfach so »zugefallen sind«. Sie ist offen und bereit, sich auf Gott einzulassen, aber das ist nichts »Fertiges«: sie bleibt auf der Suche nach ihm. Sie weiß, dass ihr Glaube noch wachsen darf – und bittet deshalb um Reife im Glauben.

Das heißt wohl auch: Sie lässt zu, dass sich ihr Gottesbild verändert. Dass sie neue Namen für ihre mystischen Begegnungen mit ihm sucht, und doch weiß, dass es keine Worte gibt, die all das fassen, was sie erfährt; dennoch lebt sie darin in der Gewissheit, angenommen und geliebt zu sein. Davon berührt, kann sie fröhliche Zuversicht ausstrahlen und gelassen in die Zukunft schauen und damit andere Menschen anstecken.

Aber auch erlebte Gottferne ist ihr nicht fremd; sie weiß um eine unstillbare Sehnsucht nach ihm, sie hat Leere erfahren und stellt sich die Frage nach dem Sinn manchen Leidens. Sie bittet darin aber um Geduld – nicht darum, dass Gott ihr ihre Not und Drangsale erklärt oder sie abwendet. Doch genauso wie vom erfahrenen Leid will sie von ihrer Freude erzählen können, Gott loben und das empfundene Glück ihrer Gottesbegegnung nicht nur für sich behalten. Das macht sie stark, Entscheidungen zu fällen, Aufgaben zu übernehmen und sich mutig für etwas einzusetzen, das ihr notwendig erscheint. »Feurig im Geiste zu sein«: das wird gerade da wichtig für sie, wo andere Menschen schon resigniert aufgegeben haben. Vertrauend auf Gottes Geist, wächst Gertrud über sich selbst hinaus und wird für viele zu einer Trägerin neuer Hoffnung.

Wir brauchen Menschen wie Gertrud auch in unserer Zeit: einfühlsam und zuhörend, stark und zuversichtlich, angstfrei und offen auch für das Neue, das Gott mit uns vorhat. Wir sollten diese Fähigkeiten aber nicht nur in ihr und in anderen Menschen suchen und bewundern. Vielleicht hat Gott auch mit uns persönlich einen »großen Plan« – wir haben uns nur noch nicht dafür geöffnet, die Gelegenheit noch nicht gesucht, seine Stimme wahrzunehmen. Wir dürfen uns seiner Liebe aber gewiss sein; er will in uns die große Sehnsucht nach dem DU wecken. Das erfordert unsere ganze Bereitschaft und unseren Willen dazu. Vielleicht werden auch wir dann fröhlich in der Hoffnung und feurig im Geist.

Barbara Striegel

»Da fiel mir urplötzlich jene Stelle des Johannes-Evangeliums ein, in der es heißt:

*›Wenn jemand mich liebt,
wird er mein Wort halten,
und mein Vater wird ihn lieben,
und wir werden zu ihm kommen
und bei ihm Wohnung nehmen.‹ (Joh 14,23)*

Und in diesem Augenblick fühlte ich in meinem Herzen aus Staub: Du bist angekommen.«

In unserer Pfarrkirche St. Gertrud zu Eisleben steht seit einigen Jahren eine holzgeschnitzte Gertrudfigur aus der Barockzeit. Die Darstellung unserer Patronin zeigt, dem Empfinden des Barockzeitalters entsprechend, ihr Ordensgewand in Brusthöhe geöffnet, so dass ein Blick in ihr Herz freigegeben wird. Im offenen Herzen der Heiligen wird Jesus als Kind sichtbar, die Rechte segnend erhoben, in der Linken die Weltkugel tragend. Das in unserer Gemeinde ganz besonders bei den

---

Gertrud von Helfta in: Gesandter der Göttlichen Liebe, Buch II, Nr. 3; Lanczkowski 1989, S. 17.

Kindern beliebte Schnitzbild wagt die bildnerische Umsetzung des Gertrud-Wortes vom Ankommen Jesu in ihrem »Herzen aus Staub«. Dieses intime mystische Erlebnis gleichsam organischer Christus-Verbundenheit schildert Gertrud in der geistlichen Autobiographie des 2. Buches ihres Werkes »Gesandter der Göttlichen Liebe« folgendermaßen:

An einem strahlenden Frühlingsmorgen mitten in der Osterzeit sitzt sie am Klosterteich von Helfta, versunken in die Schönheit dieses Platzes, die sie mit begeisterten Worten beschreibt. Aber: sie fühlt sich einsam und sehnt sich nach einem verständnisvollen Du, der als Freund die Not ihres Herzens wenden könnte. Später bekennt sie: diese Sehnsucht ist von Christus ausgegangen, der in seiner »zuvorkommenden Liebe« ihr Begehren lenkt. Sie beschließt ihre Schilderung mit den Worten: »Den ganzen Tag über war mein Geist in diesen Gedanken gefangen. Am Abend, vor dem Schlafengehen, kniete ich wie immer nieder zum Nachtgebet.«

Ein plötzlicher Einfall lässt sie an das Jesuswort vom Wohnungnehmen Gottes im Herzen der Jünger denken, und da geschieht es: sie erfährt, wie diese Verheißung des Herrn sich an ihr erfüllt: »Und in diesem Augenblick fühlte ich in meinem Herzen aus Staub: Du bist angekommen.« Das überwältigende Geschenk der Einswerdung mit Christus, dem ihre ganze Liebe gehört, löst einen begeisterten Lobpreis aus, mit dem Gertrud dankt für das, was ihr an diesem Tage widerfahren ist.

Die Besonderheit ihrer mystischen Begegnung betrachtet Gertrud aber nicht als esoterisches Ereignis. In ihrem ganzen Werk weist sie immer wieder darauf hin, dass solche partnerschaftliche Du-Erfahrung und innige Christus-Gemeinschaft ähnlich allen zugänglich ist, die ihre Sehnsucht nach Geborgenheit und Liebe auf Christus richten. Der Herr selbst bestätigt dies ja in seinem Wort an die Jünger im Johannes-Evangelium: Immer wenn jemand sich in Liebe ihm öffnet, wird er diese Sehnsucht erfüllen. Die heilige Gertrud ist damit exemplarische Zeugin dieser Christus-Wirklichkeit.

Auch die Enttäuschung vieler Menschen von heute in ihrer Sehnsucht nach einem Geborgenheit schenkenden »Du« könnte zu einer solchen Entdeckung führen: am Horizont ihres Suchens kann Jesus als Partner sichtbar werden, der sein Versprechen erfüllt: »Ihr seid meine Freunde« (Joh 15,14). Freundschaft mit Jesus Christus, die Erfahrung: »Du bist angekommen«, auch in meinem Leben – könnte es für den Glaubenden und Suchenden eine tiefere Erfüllung aller Sehnsucht geben?

Dieter Tautz

Biografie

Die heilige Gertrud von Helfta – Leben und Werk

Gertrud von Helfta war eine visionäre Mystikerin. Ihre Mitschwestern beschreiben sie als geistesgegenwärtig und humorvoll, zupackend und sensibel. Nur selten war sie um ein hilfreiches, manchmal auch strenges Wort verlegen. Sie konnte einen Ausweg aus der Sackgasse zeigen und Mut machen für den nächsten Schritt. Mit Leib und Seele eine Seelsorgerin, hat sie sich in den Dienst der Menschen gestellt, die damals im Kloster Helfta Beistand und Ermutigung suchten. Auch in ihren Werken macht sich Gertrud dem Geheimnis des Lebens auf die Spur, das den grauen Alltag in den Farben des Lebens aufleuchten lässt und das in den Brüchen des Lebens die verborgenen Zeichen der Hoffnung entdeckt.

1229 Gründung des Klosters St. Marien zu Helfta bei Burg Mansfeld; mehrmalige Verlegung, 1258 Niederlassung in Helfta.

1256 Geburt Gertruds (Ort unbekannt).

1261 Beginn ihres Lebens im Kloster St. Marien zu Helfta. Besuch der Klosterschule, die die Mystikerin und spätere Freundin Mechthild von Hackeborn (1241-1299) leitet. Gertrud lernt lesen und schreiben, die lateinische Sprache und das Psalmensingen; sie wird in die Grundlagen der damaligen Wissenschaft und Theologie eingeführt. Ihre Mitschwestern bezeichnen sie später als Theologin (»theologa«).
Das Leitwort der damaligen Äbtissin Gertrud von Hackeborn (1251-1291) lautet: »Wenn das Studium der Wissenschaft verloren geht, so wird auch die Ausübung der Religion aufhören, da die Schwestern dann die heilige Schrift nicht mehr begreifen.«[*]

1270 Ankunft der Begine Mechthild von Magdeburg (etwa 1207-1282/94) im Kloster Helfta. Wahrscheinlich hat die junge Gertrud die alte Frau bei der Niederschrift ihres letzten, des siebten Buchs von *Das fließende Licht der Gottheit* unterstützt.

1281 Erste Christusvision Gertruds, die sie zur Mystik bekehrt und zur Seelsorgerin wer-

---

In *Mechthild von Hackeborn*: Buch der besonderen Gnade, Hg. von Joseph Müller, Regensburg 1889, IV, 16.

den lässt, die sich im menschlichen Alltag und Elend dem Geheimnis des Lebens auf die Spur macht.

In den nächsten Jahren bis zu ihrem Tod schreibt Gertrud zahlreiche Gebete und mit Unterstützung ihrer Mitschwestern die Bücher »Gesandter der Göttlichen Liebe« und die »Exercitia spiritualia«. (Der »Legatus divinae pietatis« stammt nur zum Teil aus Gertruds eigener Feder: in Buch II beschreibt sie ihre Berufung zur Mystik und ihren Weg als Seelsorgerin mit eigenen Worten. Die Bücher III, IV und V hat eine anonyme Mitschwester nach Gertruds Vorgaben aufgezeichnet. Das Buch I wurde erst nach Gertruds Tod von einer oder mehreren Mitschwestern verfasst und gibt Visionen Gertruds wieder, wie sie im Kloster tradiert werden.) Außerdem schreibt Gertrud zusammen mit einer Schwester, deren Namen nicht genannt wird, das Werk Mechthilds von Hackeborn nieder: »Das Buch der besonderen Gnade.«

1302 17. November: Todestag.

Zusammengestellt von Hildegund Keul

Literaturhinweise

Gertrude d'Helfta: Oeuvres spirituelles [lat.+franz.]. 5 Bde. Sources Chrétiennes N° 127, 139, 143, 255, 331. Paris: Les Éditions du Cerf, 1967 ff.

Gertrud die Große: Gesandter der Göttlichen Liebe. Ungekürzte Übersetzung von Johanna Lanczkowski. Heidelberg: Lambert Schneider 1989

Lobpreis der göttlichen Gnade. Aus den Schriften der hl. Gertrud von Helfta. Hg. von Schwester Luitgard Große. Leipzig: Benno1991

St. Gertruds ‚Geistliche Übungen', Exercitia Spiritualia. In: Das neue Gertrudenbuch. Hg. von Willibrord Verkade. Beuron: Kunstverlag 1956

Gertrud von Helfta: Exercitia spiritualia – Geistliche Übungen. Lateinisch-deutsch. Herausgegeben, übersetzt und kommentiert von Siegfried Ringler. Elberfeld: Humberg 2001

Gertrud von Helfta / Mechthild von Magdeburg / Mechthild von Hackeborn: Die Grundwerke der drei großen Frauen von Helfta. 3 Bde. Herder: Freiburg 2001

Bangert, Michael / Keul, Hildegund (Hg.): »Vor dir steht die leere Schale meiner Sehnsucht.« Die Mystik der Frauen von Helfta. 2. Aufl. Leipzig: Benno 1999

Bangert, Michael: Demut in Freiheit. Studien zur Geistlichen Lehre im Werk Gertruds von Helfta. Würzburg: Echter 1997

Keul, Hildegund: Die Mystik der Befreiung bei Gertrud von Helfta: Dem Geheimnis des Lebens auf der Spur. In: Keul, Hildegund/Sander, Hans-Joachim (Hg.): Das Volk Gottes – ein Ort der Befreiung. Würzburg: Echter 1998, 150-167

Lanczkowski, Johanna: Einige Überlegungen zu Mechthilde von Magdeburg, Mechthilde von Hackeborn und Gertrud der Großen von Helfta. In: Erbe und Auftrag, Jg. 63, 1987, 424-440

Lewis, Gertrud Jaron: Das Gottes- und Menschenbild im Werk der mittelalterlichen Mystikerin Gertrud von Helfta. In: Geist und Leben, Jg. 63, 1990, 53-69

Repges, Walter: Den Himmel muss man sich schenken lassen. Die Mystikerinnen von Helfta. Leipzig: Benno 2001

Bei dir bin ich geborgen. Gedanken der Mystikerinnen von Helfta. Mit einem Vorwort von Assumpta Schenkl. Leipzig: Benno 2001

Schwalbe, Johanna: Durst nach Leben. Betrachtungen im Kirchenjahr zu Texten der hl. Gertrud von Helfta. Leipzig: Benno 1998

Spitzlei, Sabine B.: Erfahrungsraum Herz. Zur Mystik des Zisterzienserinnenklosters Helfta im 13. Jahrhundert. Stuttgart-Bad Cannstatt: frommann-holzboog (MGG I/9) 1991

Verzeichnis der Autorinnen und Autoren

Arndt, Dr. Maria Benedicta, geb. 1946, Pflegewissenschaftlerin und Ethikerin; Gastprofessorin am Institut für Pflegewissenschaft der Universität Witten/Herdecke; Schwester im Kloster St. Marien zu Helfta.

Bangert, Dr. theol. Michael, geb. 1959. Seit 1997 Mitarbeit in der Frauenseelsorge des Bistums Münster, zugleich Pfarrer in Gimbte.

Degenhardt, Angela, geb. 1970, Apothekerin, zugleich Studentin am *Seminar für Gemeindepastoral* in Magdeburg, Berufsziel Gemeindereferentin.

Faber, Maria, geb. 1962, Leiterin des *Referats für Ehe, Familie, Alleinerziehende* der Hauptabteilung Pastoral im Bistum Magdeburg.

Fröhmel, Beate, geb. 1978, Studentin am *Seminar für Gemeindepastoral* in Magdeburg, Berufsziel Gemeindereferentin.

Fuchs, Dr. theol. Gotthard, geb. 1938, seit 1968 Priester des Erzbistums Paderborn; Ordinariatsrat für Kultur – Kirche – Wissenschaft in den Bistümern Limburg und Mainz.

Harmansa, Dr. theol. H.-Konrad, geb. 1951, Ordinariatsrat, Dozent und Spiritual am *Seminar für Gemeindepastoral* in Magdeburg.

Herbst, Gabriele, geb. 1946, Pastorin der evangelischen Hoffnungsgemeinde Magdeburg und der Ausländerseelsorge des Kirchenkreises; Mitarbeit im Deutschlandfunk und Deutschlandradio Berlin; verheiratet, zwei erwachsene Kinder.

Keul, Dr. theol. Hildegund, geb. 1961, Dozentin am *Seminar für Gemeindepastoral*, Leiterin des *Referats für Frauenseelsorge und Frauenbildung* der Hauptabteilung Pastoral im Bistum Magdeburg; verheiratet.

Kraning, Willi, geb. 1931, Domkapitular, Ordinariatsrat, Beauftragter des Bischofs von Magdeburg für den Aufbau des Klosters Helfta.

Lorek , Dr. phil. Regina, geb. 1968, Dozentin am *Seminar für Gemeindepastoral* in Magdeburg, verheiratet, drei Töchter.

Nowak, Leo, geb. 1929, Bischof von Magdeburg.

Schenkl, M. Assumpta, OCist, geb. 1924, 1987-1999 Äbtissin im Kloster Seligenthal, leitet seit 1999 das Kloster Helfta.

Schleinzer, Dr. theol. Annette, geb. 1955, Dozentin am *Seminar für Gemeindepastoral*, Geschäftsführerin im *Pastoralen Zukunftsgespräch* des Bistums Magdeburg, Geistlich-Theologische Leiterin der kfd im Diözesanverband Magdeburg.

Schwalbe, Johanna, OSB, geb. 1955, Schwester im Kloster St. Gertrud zu Alexanderdorf.

Striegel, Barbara, geb. 1958, Medizinisch-Technische Laborassistentin, Sprecherin der kfd im Diözesanverband Magdeburg; verheiratet, drei Kinder.

Tautz, Dieter, geb. 1934, Pfarrer der St. Gertrud-Gemeinde in Eisleben; Vorsitzender des Fördervereins Kloster St. Marien zu Helfta.